# Einstern

**2**

## Themenheft 1

⭐ Die Zahlen bis 100  ⭐ Muster, Reihen, Wege
⭐ Sachaufgaben Teil 1  ⭐ Symmetrie

Erarbeitet von Roland Bauer und Jutta Maurach

In Zusammenarbeit mit der Redaktion Mathematik Grundschule

Cornelsen

# Inhaltsverzeichnis

**1** Bestimme die Anzahl.
Übertrage dazu die Zehner und Einer in die Stellentafel.

a)
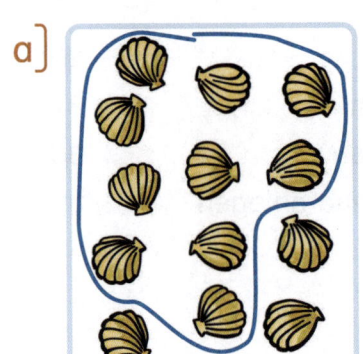

Seite 4 Aufgabe 1

a)   | Z | E |
     |---|---|
     | 1 | 3 |   ...

b)   ...

b)

**2** Schreibe als Zahl.

a)
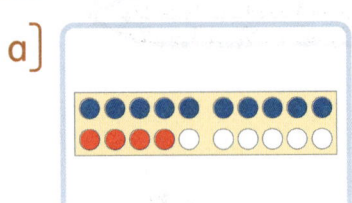

b)
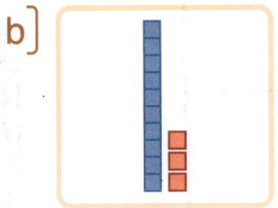

c)

| Z | E |
|---|---|
| 1 | 6 |

Seite 4 Aufgabe 2

a)   1  4      b)   ...

d)
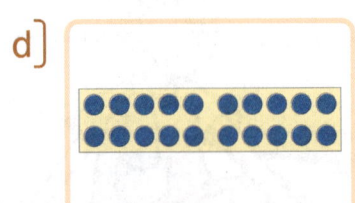

e)
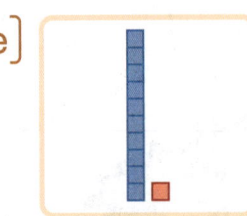

f)
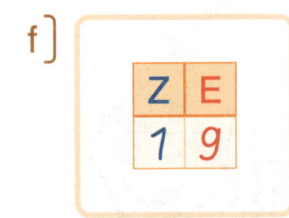

| Z | E |
|---|---|
| 1 | 9 |

g)
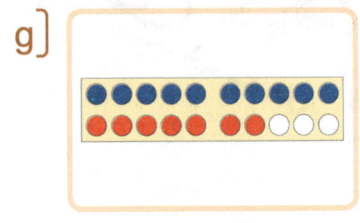

h)
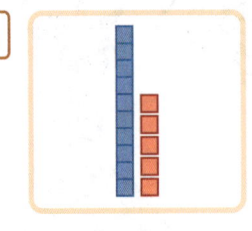

i)

| Z | E |
|---|---|
| 1 | 8 |

**3** Löse die Aufgabe.

a) 10 + 3 = ◼
   10 + 6 = ◻
   10 + 9 = ◻

b) 10 + ◻ = 15
   10 + ◻ = 18
   10 + ◻ = 10

c) 10 + ◻ = 14
   10 + 1 = ◻
   10 + ◻ = 17

Seite 4 Aufgabe 3

a)   1 0 + 3 = ...
         ⋮
b)   ...

★ zu 10 bündeln und Anzahl in der Stellentafel notieren
★ verschiedene Zahldarstellungen im Zahlenraum bis 20 wiederholen und üben
★ Aufgaben zur Zahlbildung wiederholen und üben

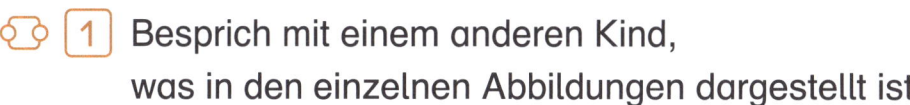

 1 Besprich mit einem anderen Kind,
was in den einzelnen Abbildungen dargestellt ist.

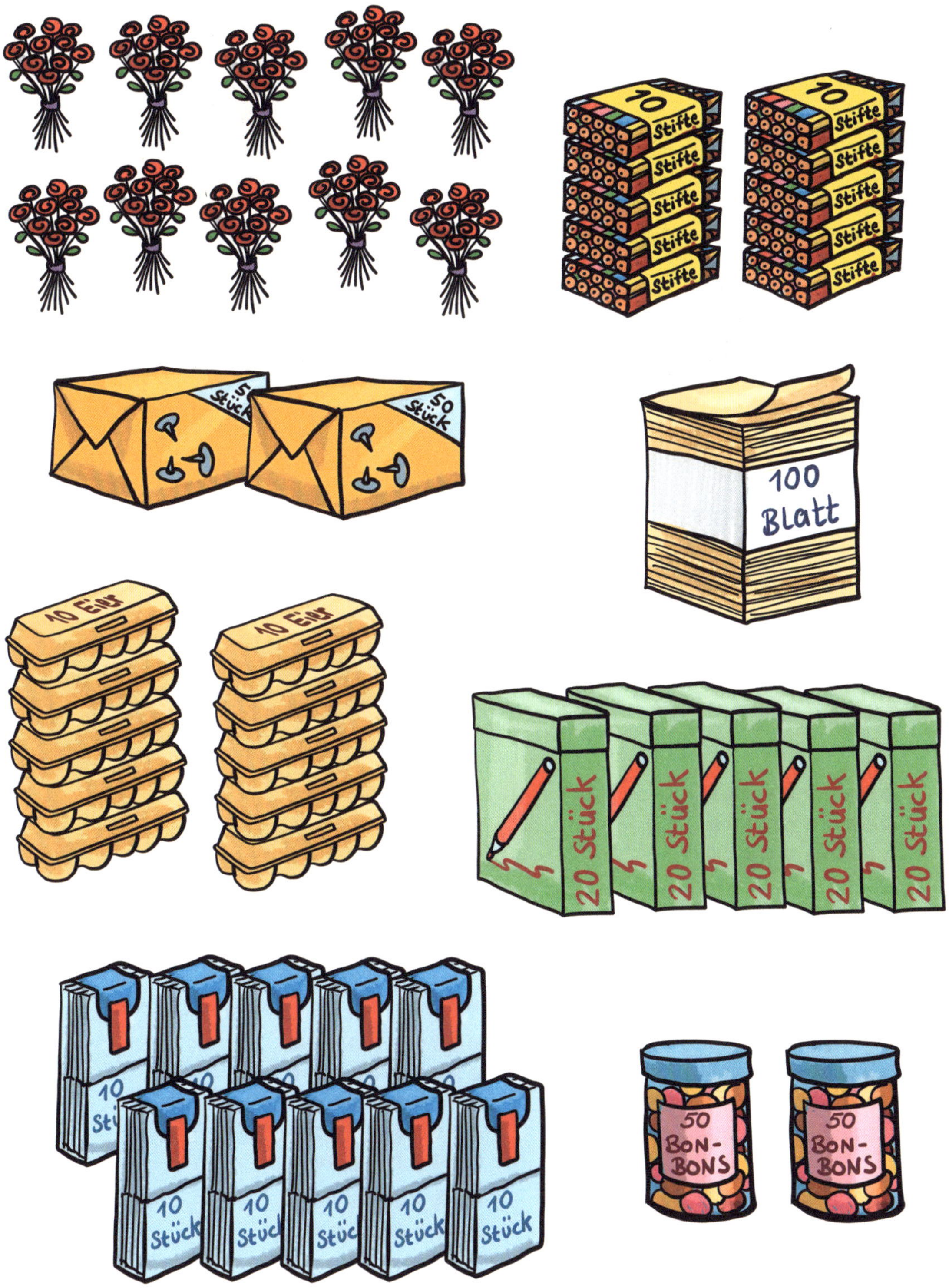

 2 Finde selbst Beispiele und präsentiere diese in der Klasse.
Du kannst 100 Gegenstände zusammenstellen, zeichnen oder fotografieren.

★ Vorstellungen zur Zahl 100 aufbauen ★ SF: Darstellungen zur Anzahl 100 beschreiben
★ MK: eigene Beispiele finden, recherchieren, zeichnen, fotografieren, zusammenstellen
und in einer Ausstellung präsentieren

**1** Suche dir ein anderes Kind. Nennt euch abwechselnd Zehnerzahlen. Legt sie mit Zehnerstreifen.

**2** Schreibe zu jedem Bild die passende Zehnerzahl auf.

a)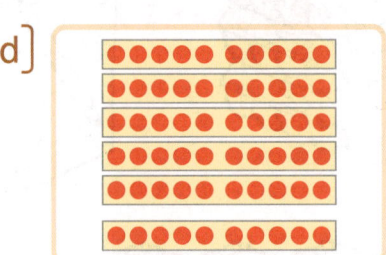

b)

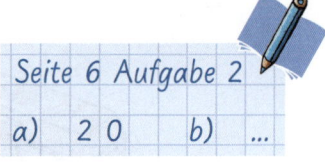

Seite 6 Aufgabe 2
a) 2 0    b) ...

c)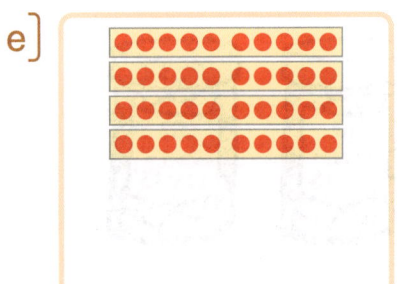

d)

e)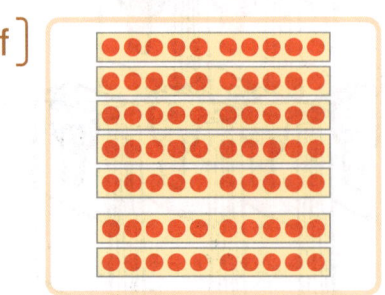

f)

**3** Zeichne im Heft.

a) 70    b) 40    c) 50    d) 80

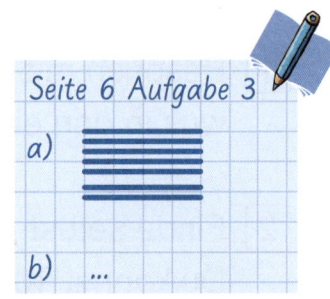

Seite 6 Aufgabe 3
a)
b) ...

e) Wähle zwei weitere Zehnerzahlen und zeichne Bilder.

★ Zehnerzahlen mit Zehnerstreifen darstellen
★ zu abgebildeten Zehnerstreifen passende Zehnerzahlen notieren
★ Zehnerzahlen bildlich darstellen

| | | | |
|---|---|---|---|
| 10 – zehn | 20 – zwanzig | 30 – dreißig | 40 – vierzig |
| 50 – fünfzig | 60 – sechzig | 70 – siebzig | 80 – achtzig |
| 90 – neunzig | 100 – einhundert | | |

**1** Schreibe zu jedem Zahlwort die passende Zahl.

a) einhundert    b) zehn    c) vierzig

d) fünfzig    e) achtzig    f) dreißig

g) siebzig    h) neunzig    i) zwanzig

*Seite 7 Aufgabe 1*
*a) 1 0 0    b) ...*

**2** Schreibe jede Zahl als Zahlwort.

a) 20    b) 70    c) 90

d) 100    e) 60    f) 50

g) 30    h) 40    i) 80

*Seite 7 Aufgabe 2*
*a) zwanzig    b) ...*

**3** Schreibe als Zahl und als Zahlwort.

a)

b)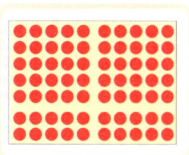

*Seite 7 Aufgabe 3*
*a) 8 0, achtzig*
*b) ...*

c)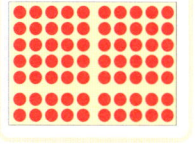

d)

e)

f)

**1** Suche dir ein anderes Kind.
Legt abwechselnd Vergleiche mit Zahlen bis 10
und die dazu passenden Vergleiche mit Zehnerzahlen.

*50 ist größer als 30.*

*5 ist größer als 3.*

**2** Setze die Zeichen <, > oder = passend ein.

a] ||||  ⬤  ||     b] 卌 ||  ⬤  卌 |     c] |||  ⬤  卌 ||

d]  60 ⬤ 50     e]  90 ⬤ 100     f]  40 ⬤ 40

> *Seite 8 Aufgabe 2*
>
> *a)  |||| > ||        b)  ...*

**3** Setze passende Zehnerzahlen ein.

a] 30 < ⬛   b] 60 > 🟨   c] 🟨 > 30   d] 🟨 < 80

   50 > 🟨       80 < 🟨       🟨 = 60       🟨 > 70

> *Seite 8 Aufgabe 3*
>
> *a)  3 0 < 4 0        b)  ...*
>
> ⋮

**4** Ordne die Zehnerzahlen der Größe nach.

a] Beginne mit der kleinsten Zahl.

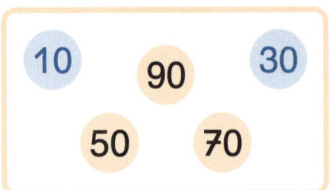

| 10 | 90 | 30 |
| 50 | 70 | |

| 40 | 80 | 50 |
| 20 | 60 | |

> *Seite 8 Aufgabe 4*
>
> *a)     1 0 < 3 0 < ...*
>
> ⋮
>
> *b)   1 0 0 > 8 0 > ...*
>
> ⋮

b] Beginne mit der größten Zahl.

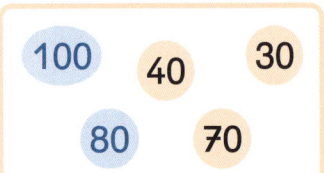

| 100 | 40 | 30 |
| 80 | 70 | |

| 60 | 70 | 40 |
| 90 | 20 | |

★ **SF:** Zehnerzahlen unter Verwendung der Begriffe „ist kleiner als", „ist größer als" und
„ist gleich" vergleichen ★ bei Zahlvergleichen passende Relationszeichen oder Zahlen finden
★ Zahlen der Größe nach ordnen

**1** Suche dir ein anderes Kind.
Legt Plus- und Minusaufgaben mit Zehnerstreifen.
Sprecht wie Tim und Lea.

2 Zehner plus 3 Zehner sind zusammen 5 Zehner.   $20 + 30 = 50$

**2** Rechne.

$5 + 2 = 7$

Die kleine Aufgabe hilft mir.

a) 
$50 + 20 = \blacksquare$
$40 + 30 = \square$
$30 + 60 = \square$
$80 + 20 = \square$
$10 + 40 = \square$

b) 
$60 - 40 = \square$
$80 - 50 = \square$
$100 - 20 = \square$
$90 - 60 = \square$
$70 - 20 = \square$

c) 
$20 + \square = 60$
$30 + \square = 80$
$50 + \square = 70$
$70 + \square = 90$
$40 + \square = 100$

d) 
$80 - \square = 40$
$70 - \square = 30$
$90 - \square = 50$
$100 - \square = 30$
$60 - \square = 40$

Seite 9 Aufgabe 2
a)   5 0 + 2 0 = …
          ⋮
b)   …

**3** Ergänze passend. Schreibe die Zahlenpaare auf.

a) **70**

| 50 | ■ |
| 10 | □ |
| 20 | □ |
| □ | 40 |
| □ | 30 |
| □ | 70 |

b) **90**

| 10 | □ |
| □ | 30 |
| 70 | □ |
| □ | 40 |
| 20 | □ |
| □ | 60 |

c) **100**

| 50 | □ |
| □ | 90 |
| 30 | □ |
| □ | 60 |
| 100 | □ |
| □ | 20 |

Seite 9 Aufgabe 3
a)        7 0
      5 0    2 0
      1 0    …
          ⋮
b)   …

★ mit Zehnerzahlen rechnen

**1** Suche dir ein anderes Kind.

Legt viele Steckwürfel oder Holzwürfel aus.

Schätzt zuerst die Anzahl und bestimmt sie dann wie Lea und Tim.

2 Z und 8 E sind 28.

**2** Bestimme die Anzahl. Übertrage dazu die Anzahl der Zehner und Einer in die Stellentafel und bilde eine Plusaufgabe.

a)

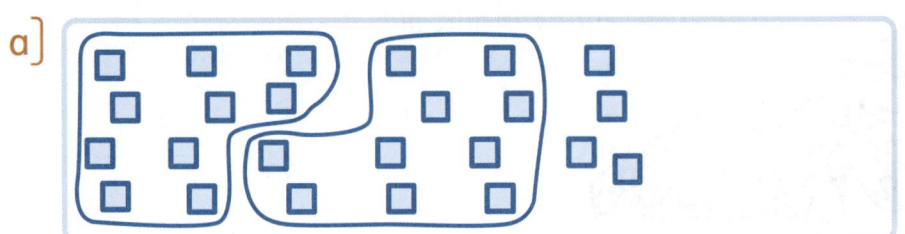

Seite 10 Aufgabe 2

a)  | Z | E |
    | 2 | 4 |   20 + 4 = 2 4

b)  | Z | E |
    | ... | ... |

b)

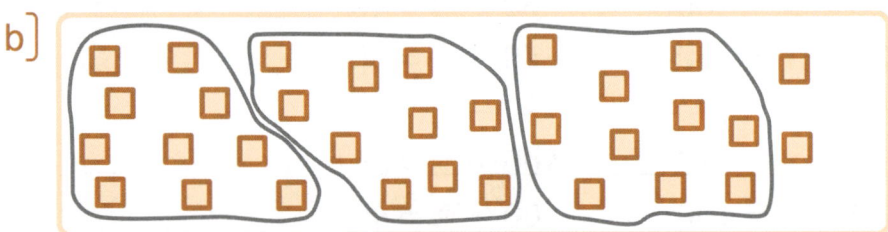

c)

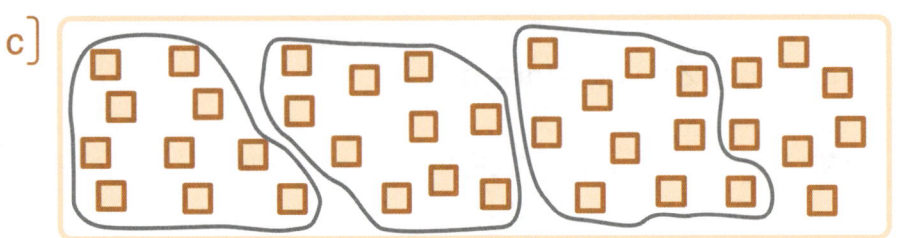

d)

★ Anzahlen von ausgelegten Steck- oder Holzwürfeln schätzen und zählen
★ Zehnerbündelung als Zählhilfe nutzen
★ Zehner-Einer-Struktur in der Stellentafel und als Plusaufgabe notieren

**1** Suche dir ein anderes Kind.

Legt euch gegenseitig Zahlen aus Zehnerstreifen und Plättchen.

Sprecht wie Lea. Malt, schreibt und sprecht wie Tim.

Es sind 2 Zehnerstreifen und 4 Plättchen.

zwanzig und vier sind vierundzwanzig

**2** Notiere in der Stellentafel.

Schreibe die passende Zahl und die passende Plusaufgabe auf.

a)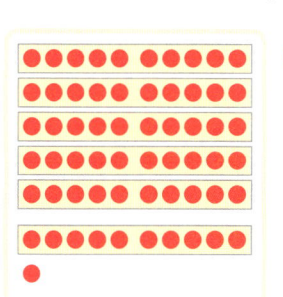

b)

c)

Seite 11 Aufgabe 2

a)
| Z | E |
|---|---|
| 3 | 2 |

3 2

3 0 + 2 = 3 2

b) ...

d)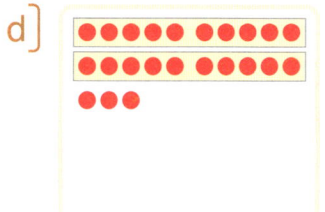

e)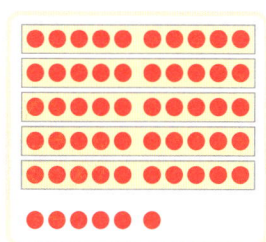

f)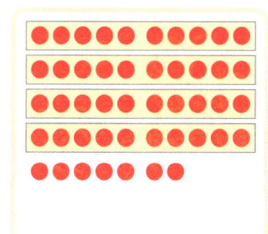

**3** Zeichne im Heft.

a) 35       b) 57       c) 76

Seite 11 Aufgabe 3

a) 

b) ...

d) Wähle zwei weitere Zahlen und zeichne Bilder.

★ SF: Zahlen mit Zehnerstreifen und Plättchen legen, notieren und benennen
★ bildlich dargestellte Zahlen in der Stellentafel, als Zahl und als Plusaufgabe notieren
★ Zahlen bildlich darstellen

ÜH 3    AH 7    B

11

Immer 10 passen in einen Karton.

**1** Notiere in der Stellentafel.
Schreibe die passende Plusaufgabe auf.

a]

Seite 12 Aufgabe 1

a)  Z|E
    3|5     3 0 + 5 = 3 5

b)  Z|E
    ...       ...

b]

c]
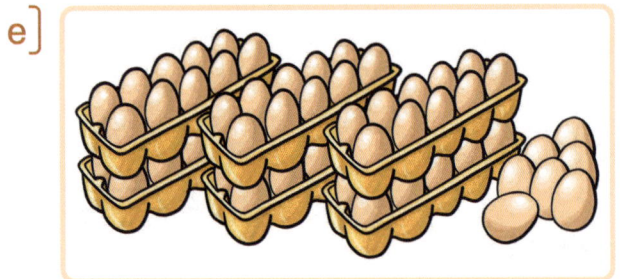

d]
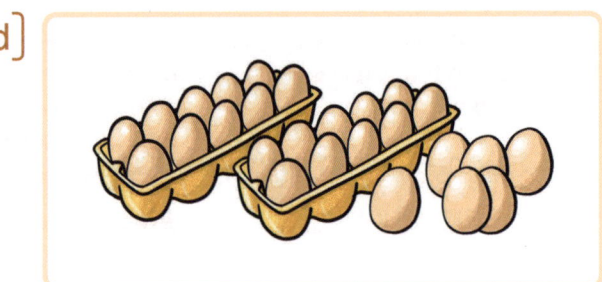

e]
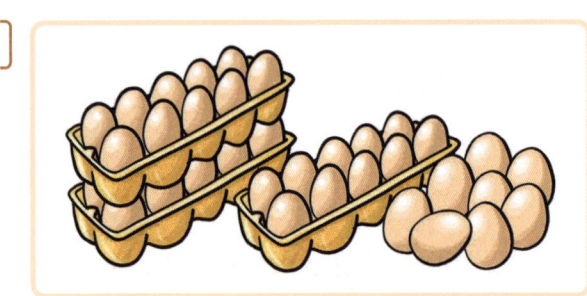

f]

★ bildlich dargestellte Anzahlen in der Stellentafel und als Plusaufgabe notieren

In jeder Zeile sind
10 Plättchen.
Es gibt 10 Zeilen.

**1** Schreibe zu jedem Punktebild die passende Zahl auf.

a)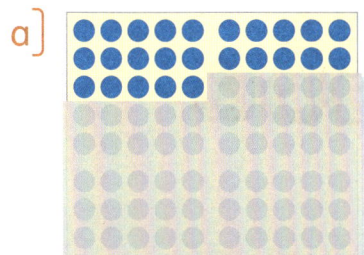

b)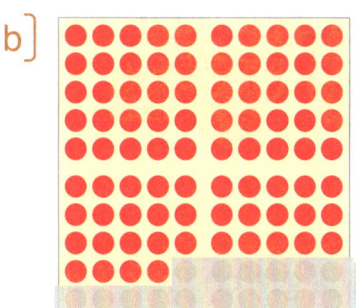

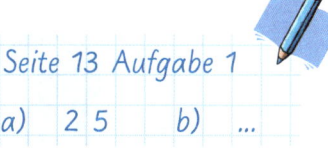

Seite 13 Aufgabe 1

a) 2 5    b)   ...

c)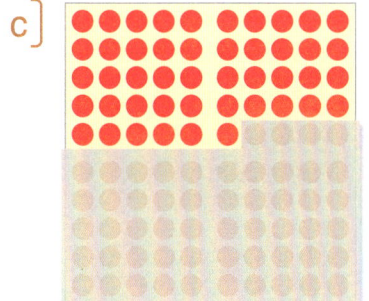

d)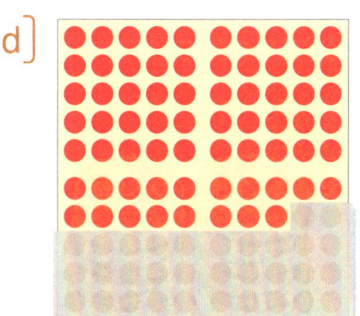

**2** Suche dir ein anderes Kind.
Nennt euch gegenseitig
Zahlen bis 100
und zeigt diese
am Hunderterfeld.

28

★ Zahlen am Hunderterfeld ablesen ★ Zahlen selbst bildlich darstellen

**1** Suche dir ein anderes Kind. Nehmt euch Plättchen oder Steckwürfel.
Legt eine große Menge davon aus. Schätzt zuerst die Anzahl.
Zählt dann nach. Nehmt auch andere Dinge.

**2** Links und rechts sind jeweils gleich viele Dinge abgebildet.
Schätze immer zuerst die Anzahl in dem linken Kasten.
Bestimme dann die Anzahl durch Zählen.

a)

Seite 14 Aufgabe 2
a)  geschätzt:  ...
      gezählt:      ...
b)  ...

b)

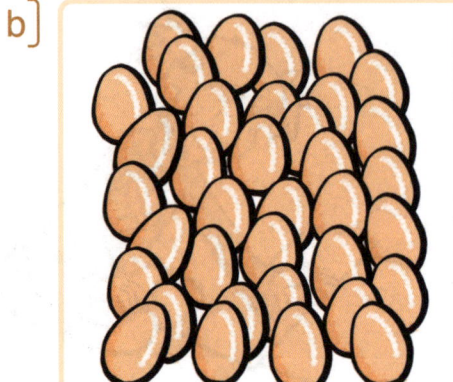

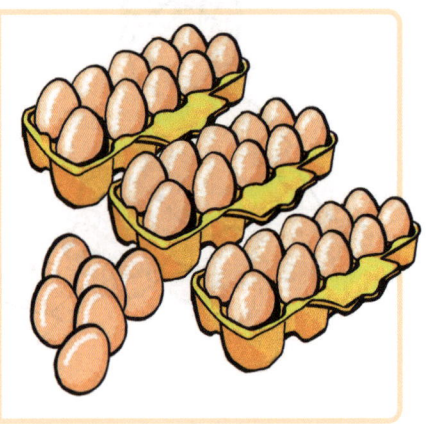

AH 8

★ Anzahlen bis 100 schätzen
★ Anzahlen unter Verwendung der Zehner-Einer-Struktur bestimmen

achtundzwanzig

8

20

28

Ich spreche zuerst die Einer und schreibe zuerst die Zehner.

| eins | zwei | drei | vier | fünf | sechs | sieben | acht | neun |

zehn   zwanzig   dreißig   vierzig   fünfzig

sechzig   siebzig   achtzig   neunzig   einhundert

---

**1** Schreibe die Zahlen.

a) einundsiebzig

b) vierundsechzig

c) fünfunddreißig

d) achtundfünfzig

e) zweiundvierzig

f) sechsundachtzig

Seite 15 Aufgabe 1

a)   7 1      b)   ...

**2** Schreibe die Zahlen als Zahlwörter.

a) 96

b) 48

c) 75

d) 54

e) 69

f) 33

Seite 15 Aufgabe 2

a)   sechsundneunzig

b)   ...

**3** Schreibe als Zahl und als Zahlwort.

a)

| Z | E |
| 5 | 7 |

b)

Seite 15 Aufgabe 3

a)   5 7,   siebenundfünfzig

b)   ...

c)
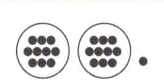

d)
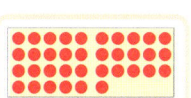

**4** Diktiert euch gegenseitig diese Zahlen. Kontrolliert gemeinsam.

47, 63, 52, 84, 25, 91, 38, 79

Seite 15 Aufgabe 4

4 7,   ...

---

★ **SF:** Sprech- und Schreibweise von zweistelligen Zahlen bewusst machen und anwenden

Meine Zahl hat 5 Zehner und 8 Einer.

Meine Zahl hat 2 Zehner und genauso viele Einer.

Meine Zahl hat 7 Einer und 2 Zehner.

Meine Zahl hat 4 Zehner und doppelt so viele Einer.

Meine Zahl hat 6 Einer und halb so viele Zehner.

Meine Zahl liegt zwischen 40 und 50 und beide Ziffern sind gleich.

Meine Zahl liegt zwischen 70 und 80 und hat 5 Einer.

Meine Zahl hat 5 Einer und liegt neben 46.

---

**1** Löse die Zahlenrätsel.

Seite 16 Aufgabe 1
Meral: 2 7, Mai-Lin: ...

**2** Schreibe selbst ein Zahlenrätsel.

Seite 16 Aufgabe 2
Meine Zahl ...

D 6

★ SF: Zahlenrätsel lösen
★ SF: Zahlenrätsel erstellen

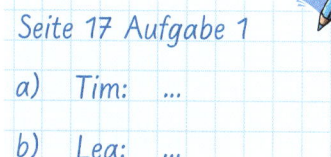

**1** Lea und Tim haben vier Ziffernkarten und legen damit zweistellige Zahlen.
Löse ihre Zahlenrätsel. Schreibe alle Möglichkeiten auf.

**a)** *Meine Zahl hat an der Einerstelle eine 2. Wie kann sie heißen?*

**b)** *Meine Zahl hat an der Zehnerstelle eine 6. Wie kann sie heißen?*

*Seite 17 Aufgabe 1*

*a) Tim: ...*

*b) Lea: ...*

**2** 2 5 7

**a)** Welche zweistelligen Zahlen kannst du aus diesen Ziffern zusammensetzen? Probiere und schreibe die Zahlen auf.

**b)** Stelle deine Lösungen einem anderen Kind vor.

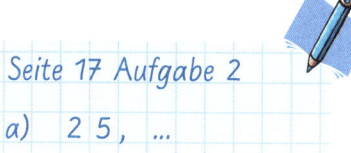

*Seite 17 Aufgabe 2*

*a) 2 5 , ...*

**3** 2 5 7 9

**a)** Wie viele zweistellige Zahlen kannst du mit diesen Ziffernkarten legen? Finde die Lösung durch Überlegen.

**b)** Überprüfe deine Lösung selbst. Schreibe dazu alle möglichen Zahlen auf.

**c)** Beschreibe einem anderen Kind, wie du vorgegangen bist.

*Seite 17 Aufgabe 3*

*a) ...*

★ aus Ziffernkärtchen zweistellige Zahlen bilden ★ beim Finden aller Möglichkeiten
systematisch vorgehen ★ die Anzahl der Möglichkeiten durch Überlegen finden
★ SF: Vorgehen beschreiben

**17**

**1** Wähle immer ein Muster aus. Zeichne es in dein Heft und setze es fort.

**a)** Muster aus Quadraten

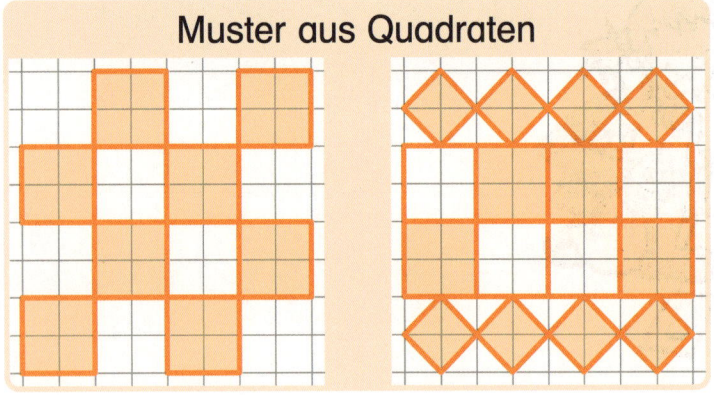

*Seite 18 Aufgabe 1*
*a)* ...

**b)** Muster aus Dreiecken

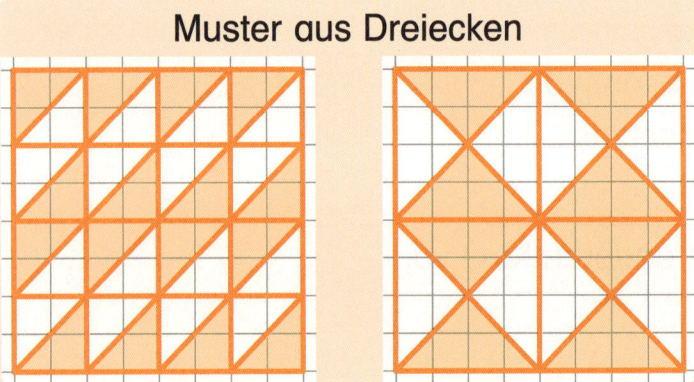

**c)** Muster aus Rechtecken

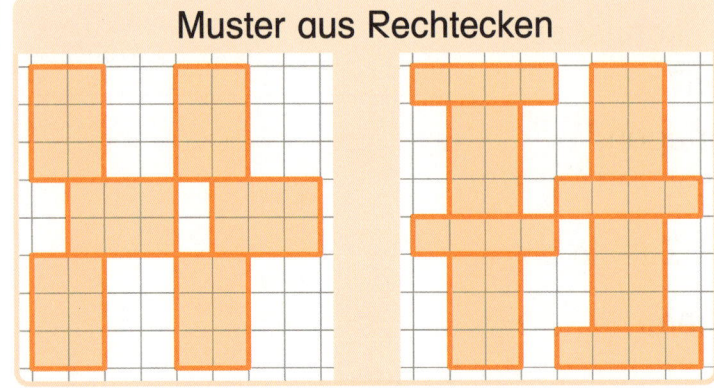

★ Strukturen in Mustern aus geometrischen Grundformen erkennen
★ Muster abzeichnen und fortsetzen

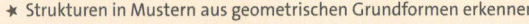

**1** Wähle ein Muster aus.
Zeichne es in dein Heft und setze es fort.

*Seite 19 Aufgabe 1*
*...*

**2** Zeichne ein eigenes Muster in dein Heft.
Verwende Dreiecke, Rechtecke und Quadrate.

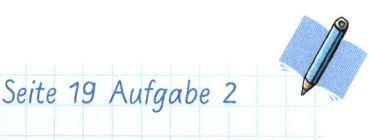

*Seite 19 Aufgabe 2*
*...*

**3** Stelle dein Muster einem anderen Kind vor.
Beschreibe es und begründe, warum es ein Muster ist.

★ Muster aus geometrischen Grundformen abzeichnen und fortsetzen
★ ein eigenes Muster aus geometrischen Grundformen zeichnen
★ SF: eigenes Muster beschreiben und begründen, warum es ein Muster ist

1 Suche dir ein anderes Kind.
Legt Reihen aus verschiedenen Gegenständen.

2 Zeichne die Reihen in dein Heft
und setze sie fort.

a)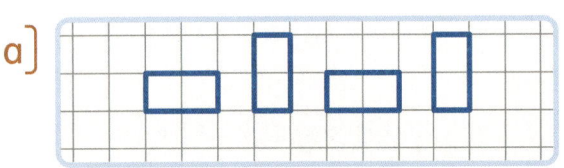

b)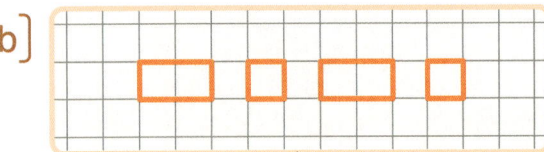

c)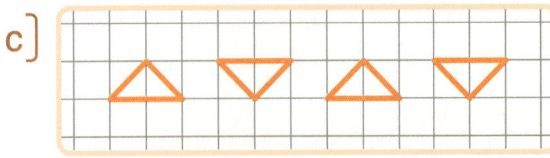

d)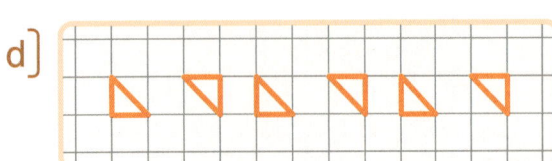

e)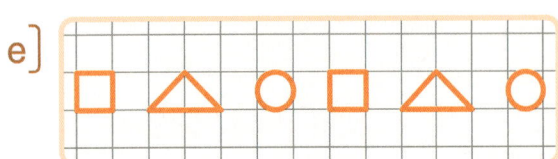

Seite 20 Aufgabe 2

a) ...

b) ...

3 Zeichne eine eigene Reihe
in dein Heft.

Seite 20 Aufgabe 3

...

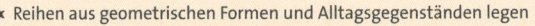

★ Reihen aus geometrischen Formen und Alltagsgegenständen legen
★ Strukturen in Reihen aus geometrischen Grundformen erkennen und Reihen fortsetzen
★ eine eigene Reihe zeichnen

**1** Finde heraus, welches Bild nicht in die Reihe passt.

a)
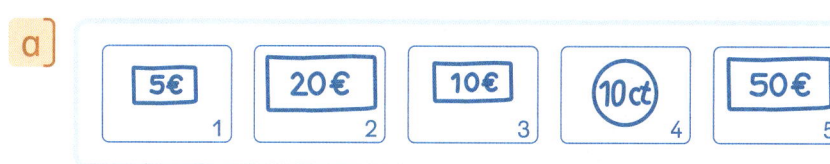

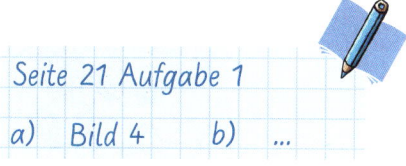
*Seite 21 Aufgabe 1*
*a)  Bild 4      b)   ...*

b)
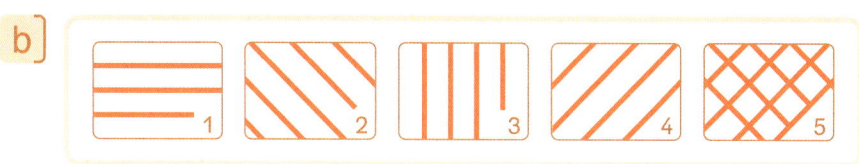

c)

| 1112 | 1113 | 1114 | 1151 | 1116 |

d)

e)

**2** Zeichne die begonnenen Reihen ab.
Setze sie um mindestens zwei Figuren fort.

a)
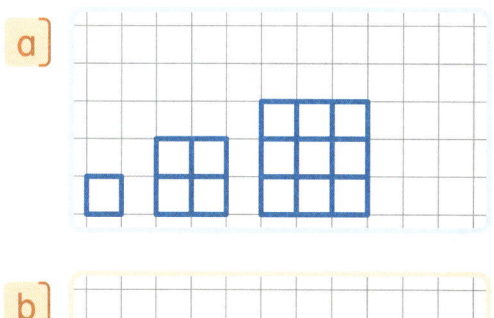

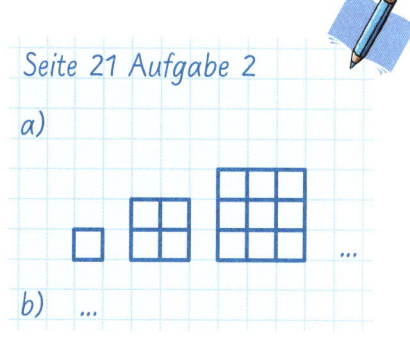
*Seite 21 Aufgabe 2*
*a)*

*b)  ...*

b)
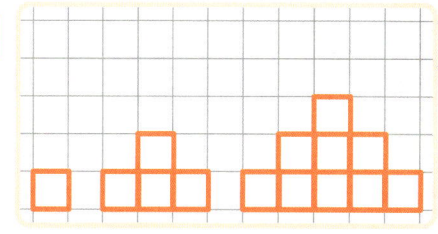

**c** Bestimme, ohne zu zeichnen.
Das 10. Bild bei **a** und bei **b** hat jeweils ▊ Kästchen.
Erkläre einem anderen Kind, wie du die Lösung gefunden hast.

⋆ unpassende Elemente in Reihen erkennen
⋆ Bildungsmerkmale von Reihen erkennen, Reihen fortsetzen
⋆ **SF:** vorgegebenes Element in einer Reihe finden, Vorgehen beschreiben

**1** Beschreibe einem anderen Kind, wie die Kinder gehen.
Stelle dir dabei vor, du gehst die Wege wie die Kinder.
Zeichne Pfeile und beschreibe mit Worten:

→ rechts    ← links    ↑ geradeaus

a) ●→ Tims Weg zu den Nashörnern

b) ●→ Majas Weg zu den Kamelen

c) ●→ Leas Weg zu den Nashörnern

d) ●→ Janeks Weg zu den Pinguinen

Seite 22 Aufgabe 1

a) ↑ ← → →

geradeaus, links,

rechts, rechts

b) ...

**2** Die Kinder sehen den Kiosk von unterschiedlichen Seiten.
Schreibe auf, bei welchen Buchstaben die Kinder stehen.

Tim sieht:

Lea sieht:

Maja sieht:

Janek sieht:

Seite 22 Aufgabe 2

Tim: B     Lea: ...

Maja: ...     Janek: ...

★ SF: Wege auf der Grundlage eines Lageplans beschreiben
★ MK: Wegbeschreibungen in Richtungspfeile übertragen
★ zu vorgegebenen Ansichten die Position des Betrachters finden

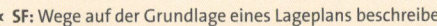

**1** Folge den Wegen der Kinder.
Beschreibe die Wege und schreibe die Ziele auf.

Lena: → → → ↓ ↓ ↓ ↓

Max: → → → → → → → ↑ → → →

Janek: → → → ↓ → ↓ → → →

Mai-Lin: → → ↓ ↓ ↓ → → → → ↓

Seite 23 Aufgabe 1
Lena: rechts, ...
        Ziel: ...
Max: ...

**2** Folge den Wegen und finde die Ziele.
Schreibe Pfeile und Ziele in dein Heft.

**a)**  oben, oben, rechts, oben, oben, oben, oben

Seite 23 Aufgabe 2

a)  ...

**b)**  unten, unten, rechts, unten, unten, rechts, unten, rechts

**3** Suche dir ein anderes Kind.
Wähle einen Startpunkt und ein Ziel.
Beschreibe den Weg vom Startpunkt zum Ziel.
Das andere Kind schreibt den Weg mit Pfeilen
ins Heft und nennt das Ziel.

Seite 23 Aufgabe 3

...

★ **MK:** durch Richtungspfeile vorgegebene Wege nachvollziehen ★ **MK:** einen Weg nach
Vorgaben einzeichnen und in Richtungspfeile übertragen, mit einem Partnerkind kontrollieren

D 9    AH 10    **23**

das **Hunderterfeld**

*Wenn ich jedem Punkt im Hunderterfeld eine Zahl zuordne, erhalte ich die Hundertertafel.*

die **Hundertertafel**

**1** Suche die Zahlen und schreibe sie auf.

a) genau unter 65

b) genau über 68

c) rechts von 73

d) links von 97

e) 3 Kästchen unter 42

f) 4 Kästchen links von 59

*Seite 24 Aufgabe 1*
*a) 7 5    b) ...*

**2** Schreibe die markierten Zahlen auf.

a)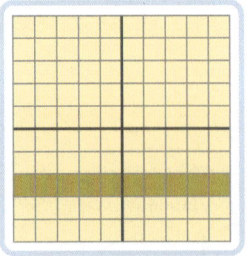

b)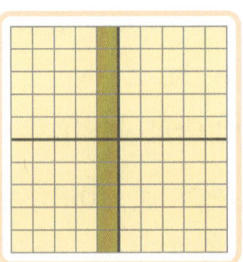

c)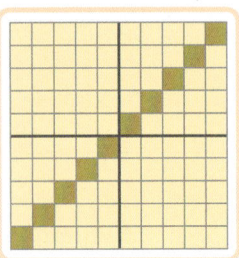

d)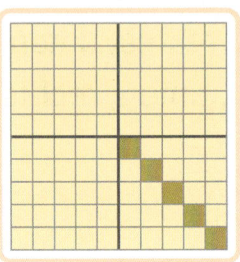

*Seite 24 Aufgabe 2*
*a) 7 1, ...*
*b) ...*

**3** Schau dir die Zahlen an, die du in Aufgabe **2** aufgeschrieben hast. Sprich mit einem anderen Kind darüber, was dir auffällt.

★ Aufbau und Struktur der Hundertertafel verstehen und nutzen
★ SF: Aufbau und Struktur der Hundertertafel beschreiben

 **1** Suche dir ein anderes Kind.
Stellt euch gegenseitig Aufgaben zur Hundertertafel.

Welche Zahl steht rechts von 46?

Welche Zahl steht über 82?

Welche Zahl steht rechts von 39?

Welche Zahl steht unter 89?

...

Welche Zahl steht rechts von 46?     47

**2** Bestimme die Zahlen, die hinter den Buchstaben
versteckt sind.

a)
|   | A |   |
|---|---|---|
| B | 34 | C |
|   | D |   |

b)
|   | A |   |
|---|---|---|
| B | 57 | C |
|   | D |   |

c)
|   | A |   |
|---|---|---|
| B | 29 | C |
|   | D |   |

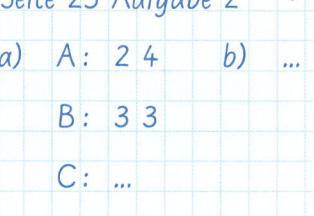

Seite 25 Aufgabe 2
a)  A: 2 4    b)  ...
    B: 3 3
    C: ...
    D: ...

d)
| A |   | B |
|---|---|---|
|   | 75 |   |
| C |   | D |

e)
| A |   | B |
|---|---|---|
|   | 12 |   |
| C |   | D |

f)
| A |   | B |
|---|---|---|
|   | 89 |   |
| C |   | D |

g)

h)

i)
|   |   | A |
|---|---|---|
|   | B | C |
| D |   |   |
| 47 |   |   |

**1** Bestimme die Zahlen, die hinter
den Bildern versteckt sind.
Verwende beim Hefteintrag
die Anfangsbuchstaben der Bilder.

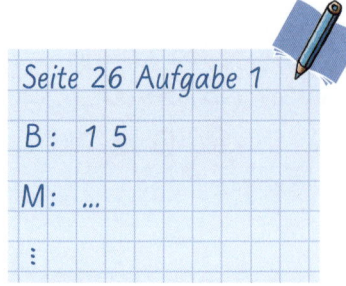

Seite 26 Aufgabe 1

B: 15

M: ...

⋮

**2** Suche dir ein anderes Kind.
Stellt euch gegenseitig Aufgaben zur Hundertertafel.

★ Kenntnisse über Aufbau und Struktur der Hundertertafel beim Finden einzelner Zahlen nutzen

Die Pfeile beschreiben Wege auf der Hundertertafel.
Jeder Pfeil bedeutet: ein Kästchen weitergehen.

**1** Finde die Zielzahl. Versuche, den Weg in deiner
Vorstellung zu gehen. Schreibe die Zielzahl auf.

| Startzahl | Weg | Zielzahl |
|---|---|---|
| a) 34 | ↓ ↓ ↓ → → → | 🟨 |
| b) 88 | ← ↑ ↑ ↑ ↑ → | 🟨 |
| c) 44 | ↓ ↓ ↓ → → ↑ | 🟨 |
| d) 75 | ↓ → → → → ↓ | 🟨 |

*Seite 27 Aufgabe 1*

*a)* ...

**2** Finde einen Weg von der Startzahl zur Zielzahl.
Notiere den Weg mit Pfeilen wie in Aufgabe **1**.

a) Startzahl 91, Zielzahl 85

b) Startzahl 19, Zielzahl 55

c) Startzahl  2, Zielzahl 36

*Seite 27 Aufgabe 2*

*a)*   9 1 ...

*b)*   ...

**3** Suche Wege in der Hundertertafel.

a) Suche dir Startzahlen und Zielzahlen aus.
Notiere die Wege mit Pfeilen wie in Aufgabe **1**.

b) Suche dir ein anderes Kind. Wähle eine Startzahl
und eine Zielzahl. Beschreibe einen Weg
von der Startzahl zur Zielzahl. Das andere Kind
soll die Zielzahl in der Hundertertafel finden.

*Seite 27 Aufgabe 3*

*a)   Startzahl: ...*

*Zielzahl:   ...*

*⋮*

★ **MK:** durch Richtungspfeile vorgegebene Wege in der Hundertertafel finden
★ zu vorgegebenen Start- und Zielzahlen Wege finden und mit Richtungspfeilen darstellen
★ **SF:** Wege auf der Hundertertafel verbal beschreiben

Das sind die **Nachbarzehner.**

**1** Schreibe die markierten Zahlen auf.

a)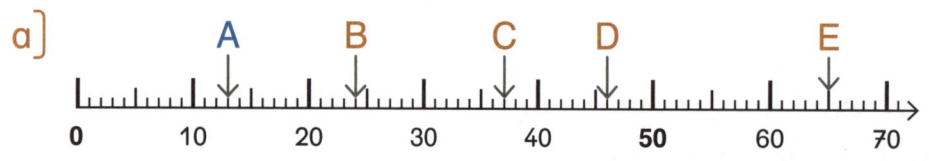

b)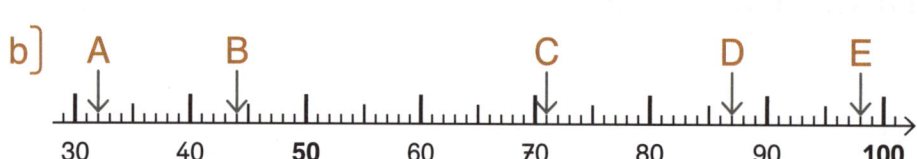

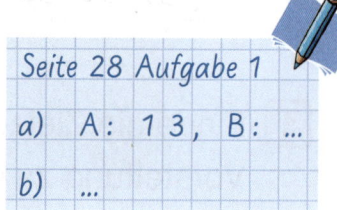

*Seite 28 Aufgabe 1*
a) A: 1 3, B: ...
b) ...

**2** Schreibe die Nachbarzehner auf.

a) 92
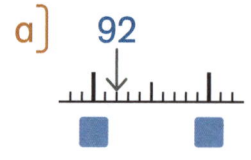

b) 43
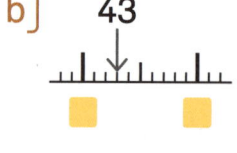

c) 4
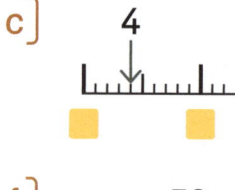

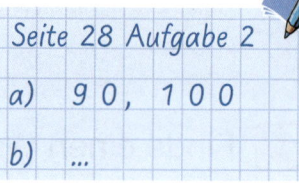

*Seite 28 Aufgabe 2*
a) 9 0, 1 0 0
b) ...

d) 75
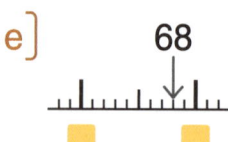

e) 68
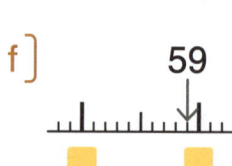

f) 59

**3** Überlege, welche Zahlen markiert sind.
Schreibe sie auf.

a)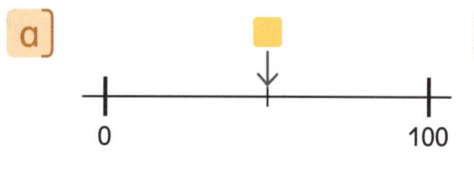

b)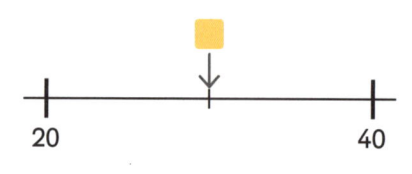

*Seite 28 Aufgabe 3*
a) ...

c)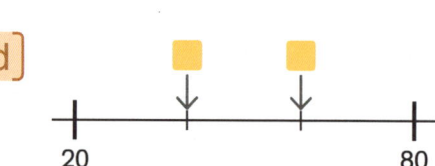

d)

★ Zahlen am Zahlenstrahl ablesen
★ Nachbarzehner an Zahlenstrahlausschnitten ablesen
★ am Zahlenstrich dargestellte Zahlen ermitteln

☐1 Suche dir ein anderes Kind.

Schreibe eine Zahl zwischen 0 und 100 auf.

Dein Partner nennt dir den Vorgänger und Nachfolger
und schreibt beide auf.

Der **Vorgänger** von 38 ist 37.
Der **Nachfolger** von 38 ist 39.

☐2 Bestimme Vorgänger und Nachfolger.

a) ■ 45 ■   b) ■ 75 ■   c) ■ 29 ■

d) ■ 94 ■   e) ■ 53 ■   f) ■ 60 ■

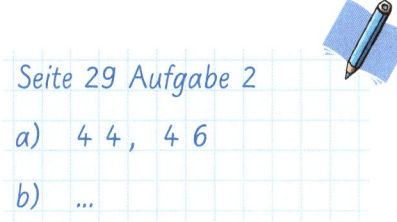

Seite 29 Aufgabe 2

a)   4 4 ,   4 6

b)   ...

☐3 Bestimme die Zahl,
die zwischen den beiden Zahlen liegt.

a) 18 ■ 20   b) 56 ■ 58   c) 98 ■ 100

d) 41 ■ 43   e) 68 ■ 70   f) 29 ■ 31

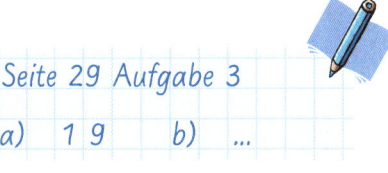

Seite 29 Aufgabe 3

a)   1 9      b)   ...

☐4 Bestimme die beiden Nachbarzehner.

a) ■ 57 ■   b) ■ 12 ■   c) ■ 35 ■

d) ■ 5 ■   e) ■ 93 ■   f) ■ 42 ■

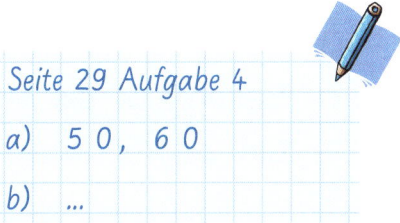

Seite 29 Aufgabe 4

a)   5 0 ,   6 0

b)   ...

☐5 Schreibe alle dazwischen liegenden Zahlen auf.

a) 90 ■ 100   b) 0 ■ 10   c) 40 ■ 50

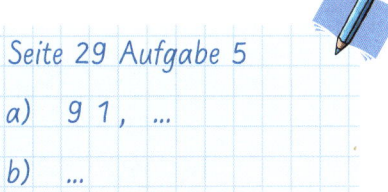

Seite 29 Aufgabe 5

a)   9 1 ,   ...

b)   ...

★ Vorgänger, Nachfolger und Nachbarzehner bestimmen
★ zu vorgegebenen Nachbarzehnern alle dazwischen liegenden Zahlen finden

**29**

 **1** Suche dir ein anderes Kind. Wählt eine Zahl zwischen 0 und 100 aus. Rollt einen Ball hin und her.

a) Zählt dabei von eurer Zahl aus abwechselnd laut vorwärts.

b) Zählt dabei von eurer Zahl aus abwechselnd laut rückwärts.

**2** Ergänze die Zahlenfolgen und schreibe sie auf.

a) 34 ■ ■ 37 ■ ■ 40 ■ ■ ■ ■ ■

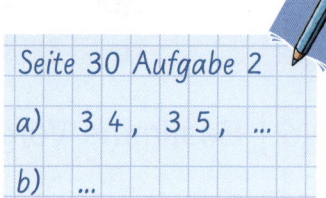

Seite 30 Aufgabe 2
a)  3 4 ,  3 5 ,  ...
b)  ...

b) 27 ■ ■ ■ 31 ■ ■ ■ ■ ■ ■ ■

c) ■ ■ 74 ■ ■ 77 ■ ■ ■ ■ ■ ■

d) ■ ■ ■ ■ ■ ■ 43 ■ ■ 46 ■ ■

e) 61 ■ ■ 58 ■ ■ 55 ■ ■ ■ ■ ■

f) ■ 99 ■ ■ 96 ■ ■ 93 ■ ■ ■ ■

g) ■ ■ ■ ■ 69 ■ ■ ■ 65 ■ ■ ■

**3** Schreibe auf, welche Zahlenfolgen zueinanderpassen. Beschreibe die Zahlenfolgen einem anderen Kind und begründe dein Ergebnis.

| A | 23 | 25 | 27 | 29 | 31 |

| B | 15 | 20 | 25 | 30 | 35 |

| C | 40 | 45 | 50 | 55 | 60 |

| D | 43 | 41 | 39 | 37 | 35 |

| E | 14 | 12 | 10 | 8 | 6 |

| F | 44 | 46 | 48 | 50 | 52 |

Seite 30 Aufgabe 3
A und F,  ...

 ÜH 8

★ Zahlenfolgen vorwärts und rückwärts bilden und ergänzen
★ Zahlenfolgen mit gleichem Bildungsprinzip einander zuordnen, **SF:** Zuordnung begründen

**1** Ergänze die Zahlenfolgen. Überlege zuerst,
wie du von einer Zahl zur nächsten kommst.

a) 24 26 28 ▢ ▢ 34 ▢ ▢ ▢ ▢

b) 64 62 60 ▢ ▢ 54 ▢ ▢ ▢ ▢

c) ▢ ▢ ▢ 52 ▢ ▢ 58 ▢ ▢ 64 ▢ ▢

d) 23 33 43 ▢ ▢ ▢ ▢ ▢ 103 113 123 133

e) 112 102 92 82 72 ▢ ▢ ▢ ▢ ▢ ▢ 2

f) 15 20 25 ▢ ▢ ▢ ▢ ▢ ▢ 60 ▢ ▢

g) 70 65 60 ▢ ▢ ▢ ▢ ▢ ▢ 25 ▢ ▢

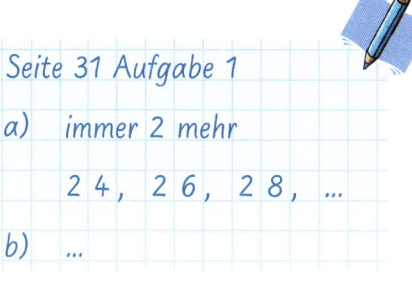

Seite 31 Aufgabe 1

a) immer 2 mehr
   24, 26, 28, ...

b) ...

**2** Übertrage die Reihen in dein Heft und setze sie
um mindestens zwei Figuren fort.
Übertrage deine Zeichnungen in eine Zahlenfolge.
Setze diese dann fort.

a)
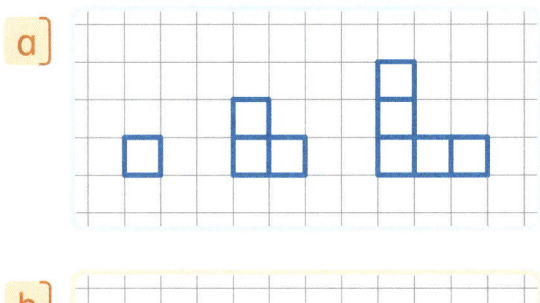

b)
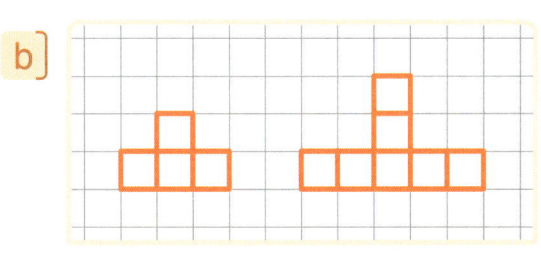

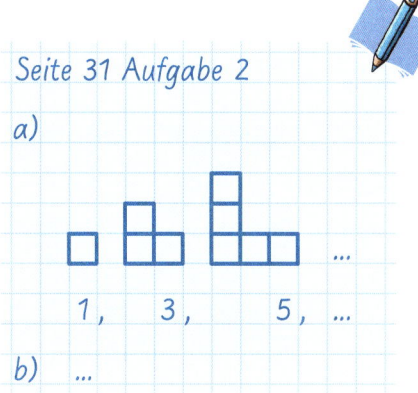

Seite 31 Aufgabe 2

a)

1,   3,   5, ...

b) ...

**3** Suche dir ein anderes Kind. Vergleicht eure Ergebnisse aus **2**.
Beschreibt und begründet euer Vorgehen.

★ Strukturen von besonderen Zahlenfolgen erkennen und diese fortsetzen
★ Reihen fortsetzen und in Zahlenfolgen übertragen, **SF:** Vorgehen begründen

**1** Suche dir ein anderes Kind.
Schreibt zwei Zahlen auf zwei Zettel.
Vergleicht die Zahlen.
Verwendet die Zeichen <, > und =.

**2** Setze die Zeichen <, > oder = passend ein.

a) 31 ● 35
52 ● 52
57 ● 46

b) 86 ● 92
42 ● 54
39 ● 38

c) 83 ● 83
54 ● 45
49 ● 51

> *Seite 32 Aufgabe 2*
>
> a)   3 1 < 3 5      b)   …
>       ⋮

**3** Setze passende Zahlen ein.

a) 31 < ■
62 > ■
99 < ■

b) 48 > ■
87 < ■
51 = ■

c) 52 > ■
81 = ■
16 < ■

> *Seite 32 Aufgabe 3*
>
> a)   3 1 < 3 8      b)   …
>       ⋮

**4** Ordne die Zahlen der Größe nach.

a) Beginne mit der kleinsten Zahl.

> *Seite 32 Aufgabe 4*
>
> a)   2 8 < 3 5 < …
>       ⋮
>
> b)   9 1 > …
>       ⋮

b) Beginne mit der größten Zahl.

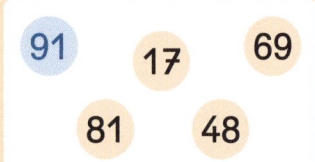

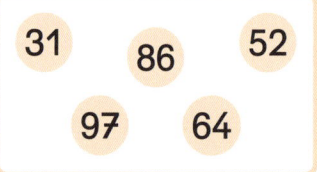

 AH 13    ÜH 9    D 11

★ Zahlen vergleichen und passende Relationszeichen einsetzen
★ zu vorgegebenen Ungleichungen passende Zahlen finden
★ Zahlen der Größe nach ordnen

**1** Schreibe immer die kleinste Zahl auf.

a]
| 65 | 16 |
|----|----|
| 36 | 72 |

b]
| 84 | 28 |
|----|----|
| 48 | 13 |

c]
| 14 | 34 |
|----|----|
| 41 | 43 |

d]
| 28 | 36 |
|----|----|
| 45 | 95 |

*Seite 33 Aufgabe 1*
*a)   1 6      b)   ...*

e]
| 34 | 45 |
|----|----|
| 54 | 43 |

f]
| 68 | 78 |
|----|----|
| 28 | 58 |

g]
| 56 | 59 |
|----|----|
| 58 | 57 |

h]
| 27 | 23 |
|----|----|
| 72 | 32 |

**2** Schreibe immer die größte Zahl auf.

a]
| 75 | 27 |
|----|----|
| 47 | 83 |

b]
| 95 | 39 |
|----|----|
| 59 | 24 |

c]
| 25 | 35 |
|----|----|
| 52 | 53 |

d]
| 18 | 26 |
|----|----|
| 35 | 82 |

*Seite 33 Aufgabe 2*
*a)   8 3      b)   ...*

e]
| 64 | 45 |
|----|----|
| 54 | 46 |

f]
| 78 | 98 |
|----|----|
| 38 | 68 |

g]
| 46 | 47 |
|----|----|
| 45 | 48 |

h]
| 23 | 72 |
|----|----|
| 27 | 32 |

**3** Schreibe die passenden Zahlen auf.

a]
**< 20**
kleiner als 20

| 12 | 31 | 22 | 11 |
|----|----|----|----|
| 41 | 13 | 9  | 21 |
| 18 | 81 | 56 | 19 |

b]
**> 35**
größer als 35

| 45 | 25 | 28 | 53 |
|----|----|----|----|
| 38 | 43 | 44 | 37 |
| 40 | 33 | 10 | 61 |

*Seite 33 Aufgabe 3*
*a)   1 2, ...*
*b)   ...*

c]
**< 50**
kleiner als 50

| 25 | 46 | 48 | 65 |
|----|----|----|----|
| 39 | 51 | 72 | 27 |
| 61 | 28 | 49 | 44 |

d]
**> 80**
größer als 80

| 18 | 61 | 69 | 99 |
|----|----|----|----|
| 81 | 95 | 83 | 91 |
| 88 | 79 | 58 | 78 |

★ Zahlen vergleichen und nach Vorgabe notieren

**1** Ergänze die Sätze.
Schreibe die passenden Zahlen oder Wörter auf.

a) Im Schwimmerbecken sind ■ Personen.

b) Vor der Rutsche warten ■ Kinder.

c) Auf Tims Eiswaffel sind ■ Kugeln Eis.

d) Am Sonntag öffnet das Freibad um ■ Uhr.

e) Auf der Wiese spielen ■ Kinder Fußball.

f) Eine Kugel Eis kostet ■ Euro.

g) Der Bademeister trägt eine ▮▮▮ Hose.

h) Am Beckenrand sitzen ■ Kinder.

Seite 34 Aufgabe 1

a)  5    b)  ...

*Zuerst suche ich das Schwimmerbecken. Dann zähle ich die Personen.*

**2** Schreibe auf, was du in dem Bild noch entdeckst.

Seite 34 Aufgabe 2

...

**3** Überlegt, wie viele Kinder das Freibad wohl an einem Tag besuchen. Begründet eure Vermutung.

✶ **MK:** dem Bild relevante Informationen entnehmen und vorgegebene Aussagen ergänzen
✶ **SF:** Entdeckungen beschreiben  ✶ **SF:** Vermutungen zur Lösung der Fermi-Aufgabe formulieren und begründen  ✶ **MK:** zur Fermi-Aufgabe recherchieren und Ergebnisse präsentieren

Ausleihe in der Klassenbücherei der Klasse 2a:

| Klasse 2a | Sachbücher | Tiergeschichten | Abenteuergeschichten |
|---|---|---|---|
| 1. Halbjahr | 9 | 15 | 12 |
| 2. Halbjahr | 17 | 7 | 16 |
| insgesamt | 26 | 22 | 28 |

**1** Besprecht, welche Informationen ihr in der Tabelle findet.

**2** Ergänze die Aussagen.
Schreibe die passenden Zahlen auf.

a) Im 2. Halbjahr wurden ■ Sachbücher ausgeliehen.

b) Insgesamt wurden ■ Tiergeschichten ausgeliehen.

c) Im 1. Halbjahr wurden ■ Abenteuergeschichten ausgeliehen.

Seite 35 Aufgabe 2

a)   1 7

b)   ...

**3** Beantworte die Fragen in deinem Heft.
Schreibe als Antwort immer einen ganzen Satz.

a) Welche Bücher wurden im 1. Halbjahr am häufigsten ausgeliehen?

b) Welche Bücher wurden im 2. Halbjahr am wenigsten ausgeliehen?

c) Welche Bücher wurden insgesamt am häufigsten ausgeliehen?

Seite 35 Aufgabe 3

a)   ...

**4** Finde eine eigene Frage zu der Tabelle.
Beantworte sie in einem Satz.

Seite 35 Aufgabe 4

Frage:   ...

Antwort:   ...

★ SF: in einer Tabelle dargestellte Angaben beschreiben
★ SF/MK: einer Tabelle jeweils relevante Informationen entnehmen
★ SF: eigene Fragen und Antworten formulieren und notieren

AH 15   35

> In der Klasse 2a sind 26 Kinder. In der Klasse 2b sind 28.

> In der Pause essen von den 54 Kindern der 2. Klassen 15 Kinder Obst. 18 Kinder essen Brote und 10 Kinder essen Müsli-Riegel. Die anderen Kinder essen nichts.

> Am Sporttag der 2. Klassen gehen 15 Kinder ins Freibad und 17 Kinder auf den Sportplatz. 18 Kinder gehen zum Turnen in die Sporthalle. Einige Kinder sind krank.

**1** Schreibe die Farbe des Zettels auf, auf dem du die passende Information findest.

a) 15 Kinder essen in der Pause Obst.

b) In der Klasse 2a sind 26 Kinder.

c) Einige Kinder sind krank.

d) Einige Kinder essen in der Pause nichts.

e) In der Klasse 2b sind 28 Kinder.

f) Am Sporttag gehen 18 Kinder zum Turnen in die Sporthalle.

g) Am Sporttag gehen 15 Kinder ins Freibad.

*Seite 36 Aufgabe 1*
*a)   Blau      b)   ...*

**2** Weitere Informationen sind im Text versteckt.
Ergänze die Aussagen.
Schreibe die passenden Zahlen auf.

a) Auf dem roten Zettel:

In der Klasse 2b sind ■ Kinder. In der Klasse 2a sind ■ Kinder weniger als in der Klasse 2b.

b) Auf dem blauen Zettel:

In der Pause essen ■ Kinder Müsli-Riegel.
■ Kinder mehr essen Brote.

c) Auf dem gelben Zettel:

Am Sporttag gehen ■ Kinder auf den Sportplatz.
Am Sporttag gehen ■ Kinder mehr auf den Sportplatz als ins Freibad.

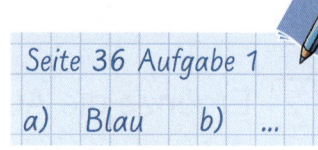

*Seite 36 Aufgabe 2*
*a)   2 8,   ...*
*b)   ...*

★ **SF/MK:** in Textform dargestellten Beschreibungen jeweils relevante Informationen entnehmen
★ durch Überlegen weitere Informationen ableiten

Ich habe 30 Sticker.
10 Sticker fehlen
mir noch.

Heute habe ich 10 €
geschenkt bekommen.
Jetzt habe ich 40 €.

Beim Fußballturnier
habe ich in 5 von 7
Spielen mitgespielt.

Dieses Jahr darf ich zu
meinem Kindergeburtstag
8 Kinder einladen.
Das sind 2 Kinder mehr
als im letzten Jahr.

Jetzt habe ich
40 Tierpostkarten.
Vor einem Monat hatte
ich erst die Hälfte.

Für meinen Schulweg
brauche ich 15 Minuten.
Wenn ich mich beeile, bin
ich 5 Minuten schneller.

**1** Ergänze die Sätze.
Schreibe die Zahlen in dein Heft.

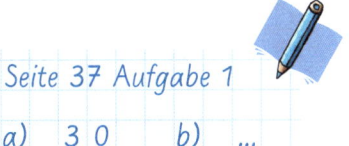

a) Lea hat 10 Euro geschenkt bekommen.
Zuvor hatte sie ■ Euro.

b) Maja hat jetzt 40 Tierpostkarten.
Vor einem Monat waren es ■.

c) Tim braucht für den Schulweg 15 Minuten.
Wenn er sich beeilt, läuft er ■ Minuten zur Schule.

d) Ole hat bei einem Fußballturnier in 5 Spielen mitgespielt.
Bei ■ Spielen war er nicht dabei.

e) Janek hat bereits 30 Sticker gesammelt.
Insgesamt gibt es ■ verschiedene Sticker.

f) Meral hat zum Geburtstag 8 Kinder eingeladen.
Im letzten Jahr durfte sie ■ Kinder einladen.

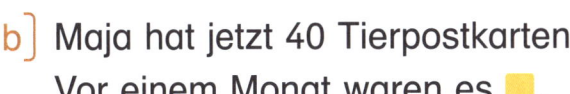

★ SF/MK: den Aussagen der Kinder jeweils relevante Informationen entnehmen

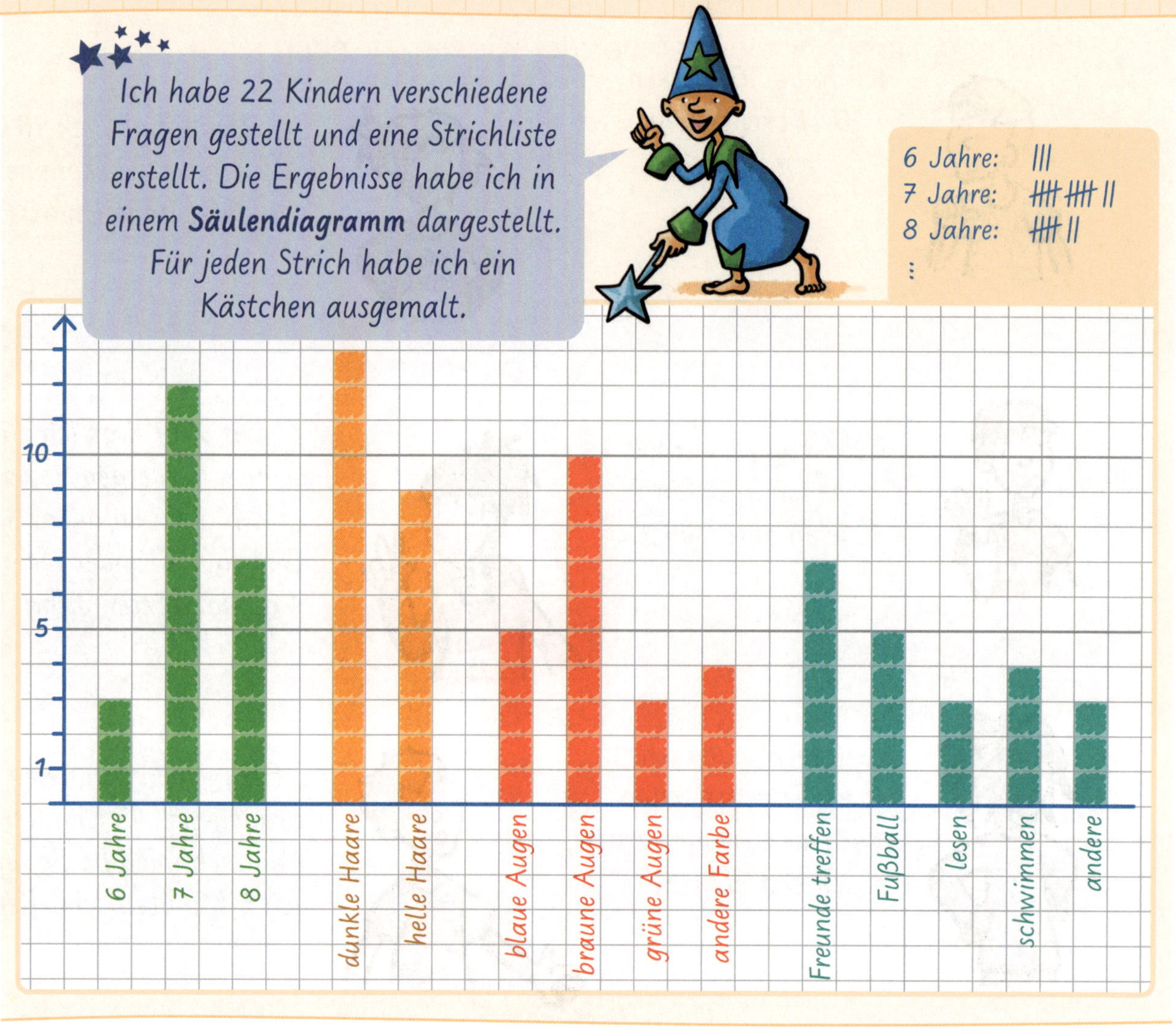

Ich habe 22 Kindern verschiedene Fragen gestellt und eine Strichliste erstellt. Die Ergebnisse habe ich in einem **Säulendiagramm** dargestellt. Für jeden Strich habe ich ein Kästchen ausgemalt.

6 Jahre: |||
7 Jahre: ||||‾ ||||‾ ||
8 Jahre: ||||‾ ||
⋮

[Säulendiagramm mit den Werten für: 6 Jahre, 7 Jahre, 8 Jahre, dunkle Haare, helle Haare, blaue Augen, braune Augen, grüne Augen, andere Farbe, Freunde treffen, Fußball, lesen, schwimmen, andere]

**1** In dem Säulendiagramm kannst du viele Informationen ablesen. Ergänze die Sätze. Schreibe die Lösungen auf.

a] Die wenigsten Kinder sind ▪ Jahre alt.

b] Das beliebteste Hobby ist ▭ .

c] Die meisten Kinder haben ▭ Augen.

d] Es gibt mehr Kinder mit ▭ als mit ▭ Haaren.

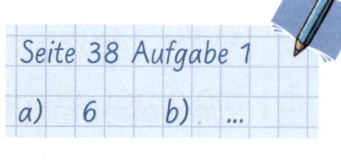

Seite 38 Aufgabe 1
a)   6      b)   ...

**2** Schreibe weitere Informationen auf, die du dem Säulendiagramm entnehmen kannst.

Seite 38 Aufgabe 2
...

**3** Überlege dir eigene Fragen. Führe in der Klasse eine Befragung durch. Erstelle Strichlisten und zeichne ein Säulendiagramm. Stelle deine Ergebnisse in der Klasse vor.

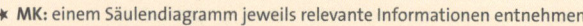
★ MK: einem Säulendiagramm jeweils relevante Informationen entnehmen
★ MK: eine Befragung durchführen und Ergebnisse in Strichlisten und Säulendiagramm darstellen
★ SF: Ergebnisse der Befragung in der Klasse vorstellen

Lena und Tim haben die Kinder der Klasse 2a nach ihren
Lieblingsbüchern gefragt:

*Ich habe eine Strichliste gemacht.*

Ich habe ein **Balkendiagramm** gezeichnet. Für jedes Buch habe ich ein Kästchen angekreuzt.

| | |
|---|---|
| Abenteuerbücher: | ⅢⅢ ⅢⅠ |
| Pferdegeschichten: | ⅢⅢ ⅢⅢ ‖ |
| Sachbücher: | ⅢⅢ Ⅰ |
| Krimis: | ⅢⅢ |
| Comics: | ‖‖ |

| | |
|---|---|
| Abenteuerbücher: | XXXXXXXXX |
| Pferdegeschichten: | XXXXXXXXXXXX |
| Sachbücher: | XXXXXX |
| Krimis: | XXXXX |
| Comics: | XXX |

**1** Betrachte mit einem anderen Kind Lenas Strichliste und
Tims Balkendiagramm.
Vergleicht die beiden Darstellungen.
Besprecht, was ihr ablesen könnt.

**2** Lies die Informationen in der Strichliste oder
dem Balkendiagramm ab.
Ergänze die Aussagen.
Schreibe die Lösungen auf.

a) ▇ Kinder mögen am liebsten Comics.

b) ▇ Kinder mögen am liebsten Abenteuerbücher.

c) Die beliebtesten Bücher sind ▇▇ .

d) ▇ Kinder mögen am liebsten Pferdegeschichten.
Halb so viele Kinder mögen am liebsten ▇▇ .

e) Finde eine eigene Aussage zu den Darstellungen.

*Seite 39 Aufgabe 2*

*a)  3     b)  ...*

**3** Mache in deiner Klasse eine Umfrage
zu den Lieblingsbüchern.

a) Stelle das Ergebnis in einer Strichliste dar.

b) Übertrage die Strichliste in ein Balkendiagramm.

*Seite 39 Aufgabe 3*

*a)  ...*

★ **SF/MK:** Strichliste und Balkendiagramm beschreiben und vergleichen, relevante
Informationen entnehmen ★ **MK:** eine Befragung durchführen und Ergebnisse in Strichlisten
und Balkendiagramm darstellen ★ **SF:** Ergebnisse der Befragung in der Klasse vorstellen

**39**

1 Betrachte mit einem anderen Kind die Umfrageergebnisse in den drei Klassen.
Vergleicht die verschiedenen Darstellungen.
Welche Darstellung gefällt dir am besten? Begründe.

2 Übertrage die Tabelle in dein Heft und trage die Umfrageergebnisse ein.

| Lieblingsobst | 1a | 2a | 3a |
|---|---|---|---|
| Äpfel | ◼ | ◼ | ◼ |
| Bananen | ◼ | ◼ | ◼ |
| Beeren | ◼ | ◼ | ◼ |
| anderes | ◼ | ◼ | ◼ |

Seite 40 Aufgabe 2

| Lieblingsobst | 1a | 2a | |
|---|---|---|---|
| Äpfel | ... | ... | ... |
| ... | | | |

3 Bewerte die Aussagen mit „stimmt" oder „stimmt nicht".

a In der Klasse 1a essen 9 Kinder am liebsten Äpfel.

Seite 40 Aufgabe 3

a) stimmt b) ...

b In der Klasse 3a sind Beeren das Lieblingsobst.

c In der Klasse 2a mögen mehr Kinder am liebsten
Beeren als in den beiden anderen Klassen zusammen.

d In jeder Klasse sind Äpfel das Lieblingsobst.

e Insgesamt sind Äpfel das Lieblingsobst.

4 Mache in deiner Klasse eine Umfrage zum Thema
Lieblingsobst. Stelle die Ergebnisse dar.
Wähle selbst eine Darstellungsform.

Seite 40 Aufgabe 4

...

★ SF/MK: Darstellungen in verschiedenen Schaubildern vergleichen
★ MK: Informationen aus Schaubildern ablesen und Aussagen überprüfen
★ SF/MK: Befragung durchführen, Ergebnisse darstellen und in der Klasse vorstellen

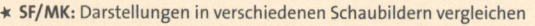

| Besucherzahlen im Museum | |
|---|---|
| Montag | |
| Dienstag | 𝕀𝕀𝕀𝕚𝕚 |
| Mittwoch | 𝕀𝕀𝕚𝕚𝕚𝕚 |
| Donnerstag | 𝕀𝕀𝕀𝕀𝕀 𝕚 |
| Freitag | 𝕀𝕀𝕀𝕀𝕚𝕚𝕚𝕚 𝕚 |
| Samstag | 𝕀𝕀𝕀𝕀𝕚𝕚𝕚𝕚 𝕚𝕚𝕚 |
| Sonntag | 𝕀𝕀𝕀𝕀𝕀 𝕚 |

𝕀 = 10 Besucher
𝕚 = 1 Besucher

**1** Lies die Besucherzahlen im Schaubild
ab und ergänze die Aussagen.
Schreibe die Lösungen auf.

a) Am Dienstag sind ■ Besucher
ins Museum gekommen.

b) Am Freitag sind ▨ Besucher
ins Museum gekommen.

c) Am ▨▨▨ war das Museum geschlossen.

d) Am ▨▨▨ sind die meisten Besucher gekommen.

e) Am ▨▨▨ sind die wenigsten Besucher gekommen.

f) Am ▨▨▨ sind doppelt so viele Besucher
gekommen wie am Mittwoch.

g) Am Wochenende sind ▨ Besucher
ins Museum gekommen.

*Seite 41 Aufgabe 1*

*a)   3 2       b)   ...*

**2** Stelle die Besucherzahlen der vorigen Woche
in einem Schaubild dar.

| Tag | Mo. | Di. | Mi. | Do. | Fr. | Sa. | So. |
|---|---|---|---|---|---|---|---|
| Besucherzahl | 0 | 24 | 31 | 58 | 37 | 50 | 32 |

*Seite 41 Aufgabe 2*

*Besucherzahlen*

★ **MK:** einem besonderen Schaubild jeweils relevante Informationen entnehmen
★ **MK:** vorgegebene Daten in ein Schaubild übertragen

1 Suche dir ein anderes Kind.
Zeigt mit dem Spiegel.

| | | |
|---|---|---|
| 8 Vögel | 6 Ameisen | 1 Nadelbaum |

| | | |
|---|---|---|
| 3 Laubbäume | 8 Salatköpfe | 7 Salatköpfe |

| | | |
|---|---|---|
| Einstern ohne Zauberstab | eine rote Blume | eine kurze Hängematte |

| | | |
|---|---|---|
| eine Feuerschale mit großen Flammen | 2 Katzen auf einer langen Bank | eine leere Bank vor einer Tanne |

| | | |
|---|---|---|
| Picknick für 4 Personen | einen Teich voller Seerosen | ... |

★ Spiegel senkrecht und waagerecht halten und durch Verschieben die geforderten Spiegel-
bilder erzeugen

## 2 Probiert, welche Bilder ihr mit dem Spiegel sehen könnt.

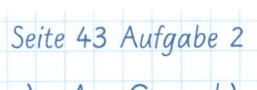

Seite 43 Aufgabe 2
a)  A, C    b)  …

a)

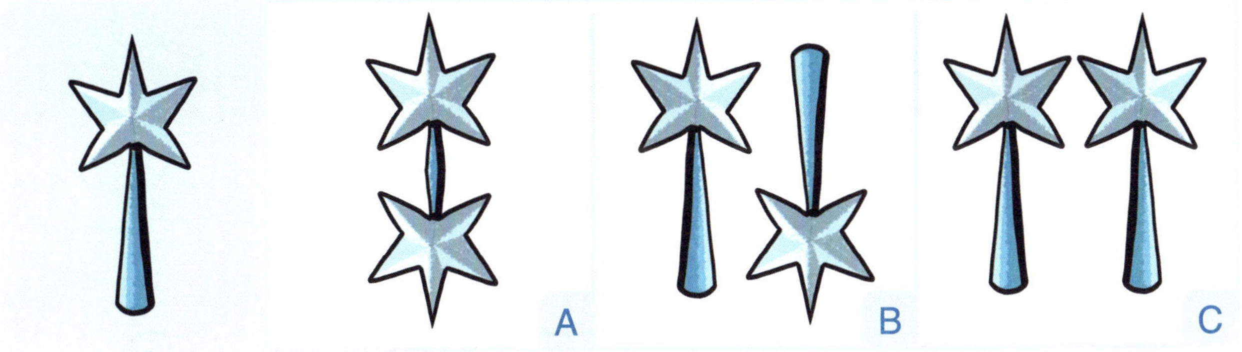

A    B    C

b)

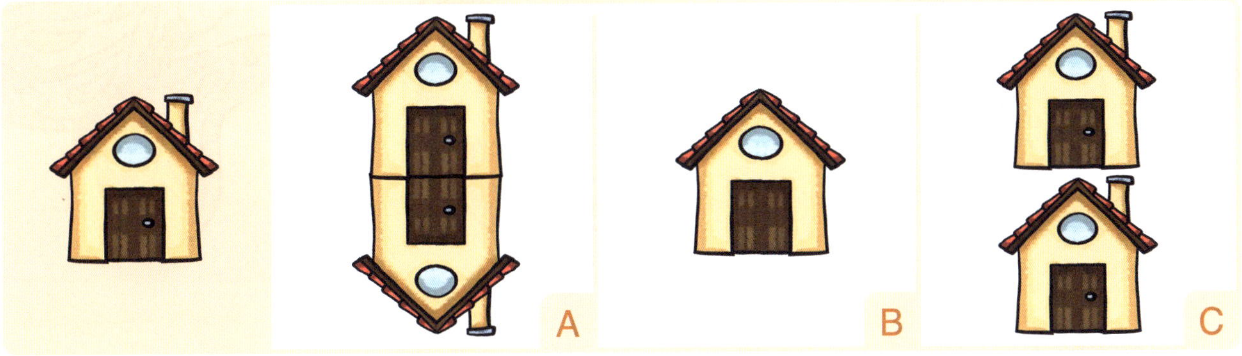

A    B    C

c)

A    B    C

d)

A

B    C

* erproben, welche Abbildungen durch waagerechtes bzw. senkrechtes Anlegen des Spiegels
erzeugt werden können

**1** Überprüfe, welche Figuren symmetrisch sind.

A

B

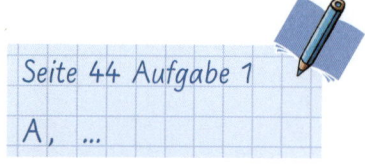

Seite 44 Aufgabe 1

A, ...

C

D

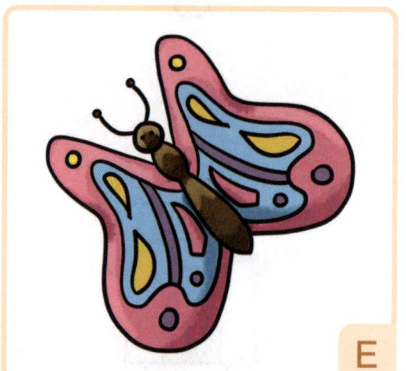

E

# AHA

F

# OMA

G

# HEXE

H

**2** Notiere im Heft die Anzahl der Symmetrieachsen.

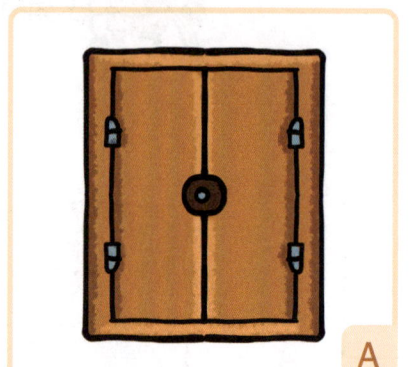

A

B

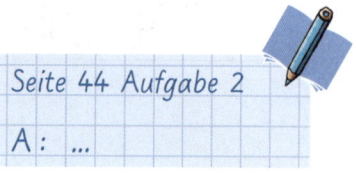

Seite 44 Aufgabe 2

A: ...

# OHO

C

# OTTO

D

# ANNA

E

★ symmetrische Figuren und Wörter erkennen
★ einen Spiegel als Hilfsmittel benutzen
★ Symmetrieachse(n) finden

**1** Lege symmetrische Figuren oder Muster.

**2** Wähle jeweils eine Figur aus.
Übertrage sie in dein Heft und zeichne das Spiegelbild.

*Seite 45 Aufgabe 2*

*a) ...*

 a)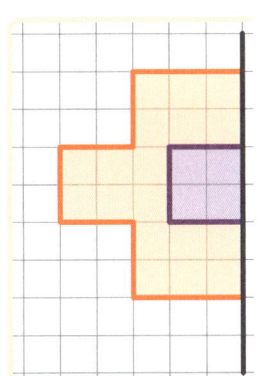

b)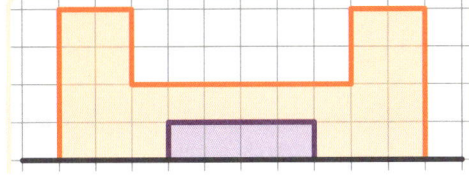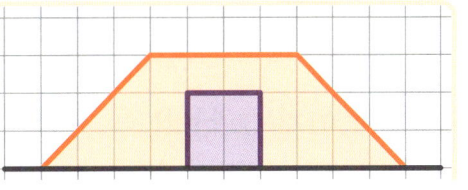

c)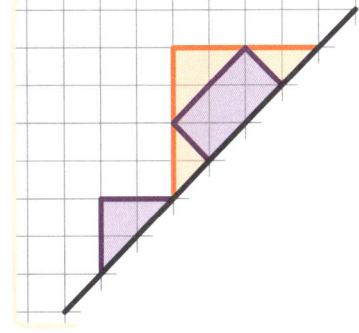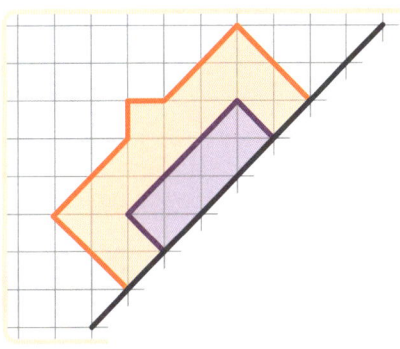

**3** Zeichne eigene symmetrische Figuren.

*Seite 45 Aufgabe 3*

*...*

★ symmetrische Muster und Figuren legen
★ Figuren auf Karoraster symmetrisch ergänzen
★ eigene symmetrische Figuren zeichnen

**1** Suche dir ein anderes Kind.
Findet immer zwei Fehler und beschreibt sie.

a]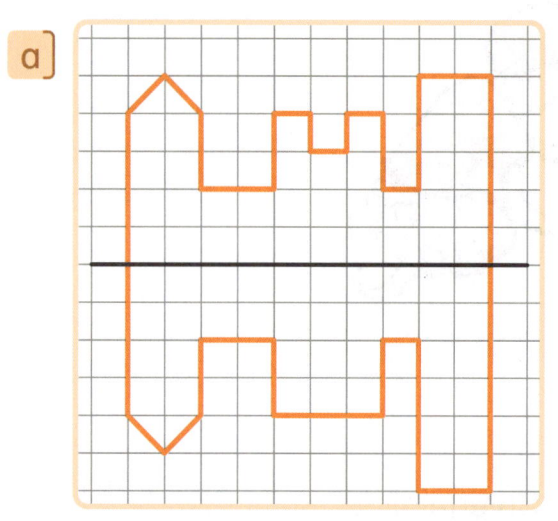

b]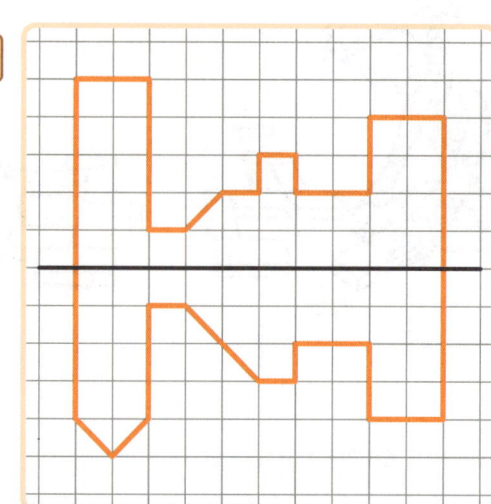

c]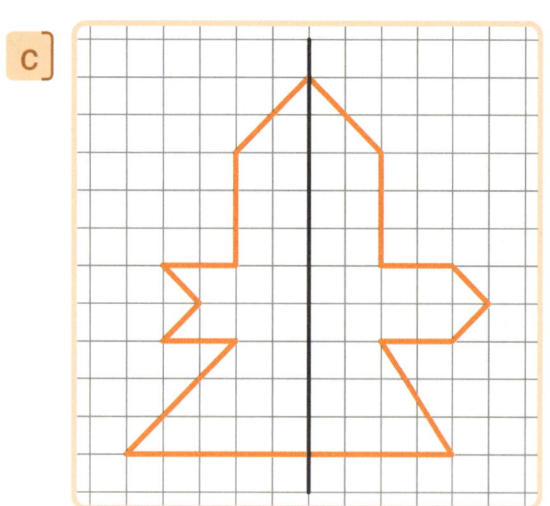

d]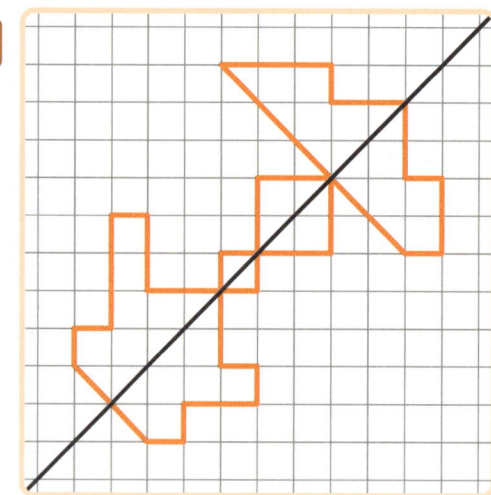

**2** Übertrage die Figur in dein Heft.
Spiegle die Figur erst nach rechts
und dann die gesamte Figur nach unten.

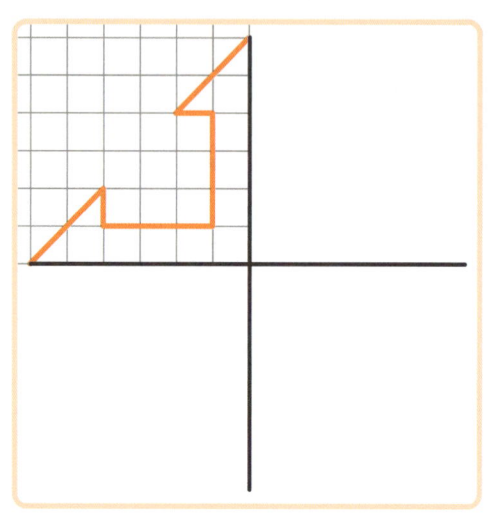

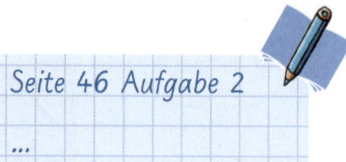

Seite 46 Aufgabe 2

...

★ **SF:** Fehler im Spiegelbild erkennen und beschreiben
★ Figuren auf Karoraster sowohl horizontal als auch vertikal symmetrisch ergänzen

## Einstern 2

### Themenheft 1

★ Die Zahlen bis 100 ★ Muster, Reihen, Wege
★ Sachaufgaben Teil 1 ★ Symmetrie

| | |
|---|---|
| Erarbeitet von: | Roland Bauer und Jutta Maurach |
| Redaktion: | Sophie Arndt, Agnetha Heidtmann, Friederike Thomas |
| Illustration: | Yo Rühmer |
| Grafiken (Scheine und Münzen): | Christine Wächter |
| Umschlaggestaltung: | Cornelia Gründer, agentur corngreen, Leipzig |
| Layout und technische Umsetzung: | lernsatz.de |
| Bildquellen: | **S. 7 50-Euro-Schein:** Cornelsen/Christine Wächter/Deutsche Bundesbank. **10-Cent-Münzen-Wertseite:** Cornelsen/Christine Wächter/Deutsche Bundesbank/Luc Luycx aus Belgien. |

### Begleitmaterialien für Lernende der zweiten Klasse

| | | | |
|---|---|---|---|
| Einstern 2 Paket Leihmaterial | 978-3-06-084773-0 | Übungssternchen | 978-3-06-084732-7 |
| Einstern 2 Paket Verbrauchsmaterial | 978-3-06-084735-8 | BigBook | 978-3-06-084796-9 |
| Einstern 2 *leicht gemacht* Paket | | BuchTaucher-App | 978-3-06-084762-4 |
| Verbrauchsmaterial | 978-3-06-084741-9 | Interaktive Übungen | 978-3-06-084767-9 |
| Arbeitsheft | 978-3-06-084758-7 | GrundschulTrainer-App | 978-3-06-084449-4 |

 Deine **interaktiven Gratis-Übungen** findest du hier:

1. Gehe auf scook.de.
2. Gib den unten stehenden Zugangscode in die Box ein.
3. Hab viel Spaß mit deinen Gratis-Übungen.

Dein Zugangscode auf
**www.scook.de** | fgocr-n465g

www.cornelsen.de

1. Auflage, 1. Druck 2021

Alle Drucke dieser Auflage sind inhaltlich unverändert
und können im Unterricht nebeneinander verwendet werden.

© 2021 Cornelsen Verlag GmbH, Berlin

Druck: Athesiadruck GmbH

ISBN 978-3-06-084774-7
ISBN 978-3-06-084778-5 (Themenhefte 1–4 und Diagnose-Sternchen als E-Book)

**PEFC zertifiziert**
Dieses Produkt stammt aus nachhaltig
bewirtschafteten Wäldern und kontrollierten
Quellen.
www.pefc.de

PEFC/18-31-166

## Vorschläge für Plenumsphasen zum vertiefenden Erwerb prozessbezogener Kompetenzen

| | |
|---|---|
| S. 5 | Kinder präsentieren selbst gefundene Beispiele zur Anzahl 100 (Bilder, Fotos und zusammengestellte reale Dinge) (→BigBook: Seite 1) |
| S. 14 | von den Kindern zu Anzahlen bis 100 zusammengestellte Mengen (z. B. Perlen, Büroklammern, Steckwürfel, Bonbons, …) schätzen und zählen; unterschiedliche Schätz- und Zählstrategien vorstellen, vergleichen und bewerten |
| S. 15 | Kinder bilden aus Zahlkärtchen mit Zehnerzahlen und Einern zweistellige Zahlen, notieren und benennen diese und beschreiben Unterschiede zwischen Schreib- und Sprechweise; Begegnungssprachen und ggf. nichtdeutsche Muttersprachen der Kinder aufgreifen und Unterschiede bewusst machen |
| S. 16 | Kinder stellen ihre selbst verfassten Zahlenrätsel vor, andere Kinder lösen diese und beschreiben ihre Vorgehensweisen bei der Lösungsfindung |
| S. 17 | Kinder stellen ihre aus Ziffernkarten gebildeten Zahlen vor, sie beschreiben und vergleichen ihre Vorgehensweisen beim Finden möglichst aller Möglichkeiten |
| S. 22 | Kinder orientieren sich auf einem Lageplan und beschreiben den Verlauf von Wegen mithilfe von Lagebegriffen, dabei wechseln sie auch die Position des Betrachters |
| S. 23 | Kinder gehen auch im Klassenraum oder auf dem Schulhof Wege nach mündlichen Vorgaben, sie benennen auch Kriterien guter Wegbeschreibungen (→BigBook: Seite 2) |
| S. 24 | Kinder beschreiben die Anordnung der Zahlen in der Hundertertafel (Zeilen und Spalten) (→BigBook: Seite 3) |
| S. 34 | Kinder stellen ihre Vorgehensweisen beim Lösen einer Fermi-Aufgabe vor, vergleichen und bewerten diese (→BigBook: Seite 4) |
| S. 38/39/40 | Kinder stellen die Ergebnisse ihrer durchgeführten Befragung vor (S. 40 →BigBook: Seite 5) |
| S. 42 | Kinder präsentieren weitere symmetrische Figuren aus dem Lebensumfeld und beschreiben dabei die Eigenschaft „symmetrisch" (→BigBook: Seite 6) |

## Vorschläge für die Förderung von Medienkompetenz

| | |
|---|---|
| S. 5 | Kinder fotografieren Beispiele zur Anzahl 100 oder schneiden aus Werbeprospekten Abbildungen aus |
| S. 18/20 | Kinder gestalten Reihen/Muster am PC: z. B. Reihen aus Buchstaben oder Zahlen bzw. Reihen oder Muster mithilfe eines Zeichenprogramms |
| S. 22/23/27 | Kinder übertragen Befehlspfeile in Wegbeschreibungen und umgekehrt; sie lernen so eine einfache Symbolsprache kennen, wie sie auch beim Umgang mit digitalen Medien wichtig ist; Kinder programmieren Wege/Bewegungen am PC |
| S. 40 | Kinder machen eine Umfrage zu ihrem Lieblingsobst, bereiten die Ergebnisse (digital) auf und stellen sie vor; sie vergleichen Darstellungen in Strichlisten, Säulen- und Balkendiagramm, beschreiben Besonderheiten bzw. Vor- und Nachteile der einzelnen Darstellungsformen und überlegen ggf., wo sie die verschiedenen Diagramme im Alltag schon gesehen haben |
| S. 43 | Kinder zeichnen oder fotografieren und präsentieren symmetrische Figuren aus dem Lebensumfeld |

### Synopse zu den Medienkompetenzbereichen

| | |
|---|---|
| Suchen, Verarbeiten und Aufbewahren | S. 5, 34–41, 43 |
| Produzieren und Präsentieren | S. 5, 34, 38, 39, 40, 41, 43 |
| Problemlösen und Handeln | S. 18, 20, 22, 23, 27, 40 |